Naiem Ahmadinejadfarsangi

Souvenir empoisonné français

Naiem Ahmadinejadfarsangi

Souvenir empoisonné français

Éditions Muse

Imprint

Cover image: www.ingimage.com

Publisher:
Éditions Muse
is a trademark of
International Book Market Service Ltd., member of OmniScriptum Publishing Group
17 Meldrum Street, Beau Bassin 71504, Mauritius
Printed at: see last page
ISBN: 978-620-2-29866-7

Souvenir empoisonné français

Naiem ahmadinejadfarsangi

Table des matières

AIDS signifie syndrome d'immunodéficience acquise, une maladie incurable et évolutive causée par un virus appelé VIH, reconnu comme une maladie nouvelle et distincte depuis 1986. Actuellement, 16 personnes dans le monde sont infectées par ce virus chaque minute. Plus de 90% des infections se produisent dans le tiers monde et dans les pays en développement. Le sida est actuellement la quatrième cause de décès, qui devrait être la première cause d'ici 2010. Lorsque le virus du sida pénètre dans l'organisme, il attaque et détruit les cellules du système immunitaire qui jouent un rôle clé dans la défense de l'organisme contre les agents pathogènes. En conséquence, les défenses du corps contre une variété d'agents pathogènes sont affaiblies et les microbes qui ne provoquent normalement aucun effet secondaire chez une personne provoquent soudainement des maladies graves et mortelles, et la personne est sensible à une variété de maladies infectieuses. Devient sensible. Parfois, des mois ou des années peuvent s'écouler entre le moment où un virus pénètre dans l'organisme et l'apparition des symptômes. Cela signifie qu'il existe de nombreuses personnes apparemment en bonne santé qui sont en fait porteuses du virus du sida et peuvent en infecter d'autres. Le moyen le plus courant de transmettre le SIDA en Iran est l'utilisation de seringues contaminées par les consommateurs de drogues injectables, les relations sexuelles illicites ou la transfusion de sang infecté. En général, il faut savoir que les sécrétions de la personne infectée transmettent le virus à d'autres. Il a même été démontré qu'une mère infectée peut transmettre la maladie en allaitant son bébé. Il y a environ 6 000 patients connus en Iran, ce qui est certainement beaucoup plus élevé que le nombre réel. En raison des services médiocres fournis aux patients atteints du SIDA et également en raison des idées fausses de la société selon lesquelles ces patients ne sont pas considérés comme un patient ayant besoin d'aide mais comme un criminel condamné à mort, les patients sont prêts à introduire Ils n'ont pas eux-mêmes. Cette idée imprudente porte le plus grand coup à la société elle-même. Car tant que les patients refuseront de se rendre dans les centres de santé de peur d'être rejetés par leur famille et par la société, ils seront les véritables sources de propagation de la maladie dans la société et le nombre de patients augmentera de jour en jour. Il convient de noter que toutes les personnes infectées par le virus VIH ne sont pas nécessairement infectées par le sida, mais doivent répondre à un ensemble de critères pour l’index du sida pour dire qu’elles sont infectées par le sida. Seulement la moitié des personnes vivant avec le VIH sont infectées par le sida dans les 10 ans. Cet intervalle de temps varie d'une personne à l'autre et est lié à de nombreux facteurs, y compris l'état de santé et les habitudes de santé d'une personne.

Aujourd'hui, avec l'aide de certains médicaments, cette distance peut être allongée.

Les tests couramment utilisés pour diagnostiquer cette infection sont basés sur la recherche d'anticorps fabriqués par l'organisme contre le virus VIH. Le niveau de ces anticorps peut être détecté chez la plupart des personnes dans les 3 mois suivant l'infection. (En moyenne, environ 25 jours après l'appel). Mais dans certains cas, ce délai peut atteindre 6 mois. Par conséquent, il est actuellement recommandé qu'elle soit testée pendant 6 mois après un éventuel contact (relations sexuelles vaginales, souvenir anal sans préservatif, et chez les toxicomanes utilisant une aiguille partagée). Un point très important qu'il ne faut pas oublier est que pendant ces 6 mois, vous ne devez pas vous exposer vous-même et les autres au virus du VIH. Connaître les moyens de transmettre la maladie est très efficace pour prévenir l'infection.

Le virus du sida peut être transmis d'une personne infectée à une personne en bonne santé de plusieurs des manières principales suivantes:

A - Transmission sexuelle: Le moyen d'infection le plus courant est le contact sexuel. Le virus peut être transmis d'une personne infectée à un partenaire sexuel (homme à homme, homme à femme et femme à homme). L'infection de femme à femme peut également être transmise par contact sexuel dans 80% de tous les cas, dont plus de 70% par contact avec le sexe opposé et 10% par homosexualité. La présence d'autres maladies sexuellement transmissibles, comme la gonorrhée syphilis, ainsi que les ulcères génitaux, multiplie le risque d'infection. Par conséquent, une attention à cet important et à leur traitement immédiat doit être envisagée. Les femmes sont plus à risque d'être infectées par leur partenaire sexuel car elles sont plus susceptibles d'être transmises d'homme à femme que de femme à homme. B- Utilisation d'une aiguille commune avec une personne infectée. C- De la mère infectée au fœtus à l'intérieur de l'utérus ou pendant l'accouchement et pendant l'allaitement. D- De plus, le virus peut être transmis par la consommation de sang ou de facteurs de coagulation infectés.

Le SIDA ne peut pas être transmis des manières suivantes:

1- Contact normal des personnes avec le patient à domicile ou dans la communauté

2- Serrer la main

3- Utiliser des ustensiles de cuisine courants tels que des assiettes, des verres, des cuillères et des fourchettes et...

4- Utilisation des piscines publiques ou des toilettes publiques

5- étreindre ou embrasser le visage

6 - Éternuements et toux

7- Poignée de porte, téléphone et barre bus

8- Utilisation de vêtements d'occasion

9- Eau et nourriture

10- Contact avec les larmes et la sueur du patient

11- Utilisation d'un véhicule commun

12- Piqûres d'insectes

Les groupes suivants sont les plus à risque:

Les utilisateurs de drogues injectables qui partagent des seringues et des aiguilles sont plus courants chez les détenus. Conjoints de personnes infectées. Partenaires sexuels de personnes infectées. Les personnes qui ont plusieurs partenaires sexuels. Femmes corrompues et méchantes. Homosexuels ou hommes et femmes ayant des relations sexuelles hors mariage. Les personnes atteintes d'hépatite (tuberculose) ou les personnes atteintes de tuberculose. Tatouages collectifs.

Les patients atteints de maladies sexuellement transmissibles, en particulier ceux qui ont des plaies génitales. Les marins et les chauffeurs traversant la frontière. Enfants de mères infectées. Jeunesse

Quels sont les symptômes du virus du sida?

Le SIDA de l'adulte est caractérisé par au moins deux symptômes principaux avec au moins l'un des sous-symptômes suivants, à condition qu'une cause spécifique telle qu'un cancer, une malnutrition sévère ou d'autres causes connues d'immunodéficience et de déficience du système immunitaire. N'existe pas. Principaux symptômes:

1- Perte de poids supérieure à 10% du poids corporel

2- Diarrhée chronique qui dure depuis plus d'un mois

3- Fièvres intermittentes ou constantes depuis plus d'un mois Sous-symptômes:

1- Toux persistante pendant plus d'un mois

2- Infection cutanée disséminée avec démangeaisons

3- Herpès récurrent

4- Muguet buccal

5- Infection herpétique chronique progressive et diffuse Hypertrophie générale des ganglions lymphatiques L'infection par le SIDA n'est pas la cause du SIDA, mais elle conduit presque inévitablement au SIDA. L'infection par le virus du SIDA signifie que le virus est entré dans le corps humain mais n'a pas encore provoqué les changements à l'origine des symptômes de la maladie. L'une des premières façons de reconnaître une maladie est de reconnaître les symptômes et les différents stades de la maladie. Grâce à cette identification, la propagation et le développement de la maladie à un stade précoce peuvent être évités.Les symptômes de l'infection par le SIDA sont très complexes et comportent plusieurs stades, qui ne sont pas nécessairement tous observés chez les personnes infectées. Ces étapes comprennent: Stade 1 - Infection aiguë: Dans la plupart des cas, si suffisamment de SIDA pénètre dans le corps d'une personne, après quelques semaines, les symptômes tels que fièvre, maux de gorge, ganglions lymphatiques hypertrophiés, douleurs articulaires et musculaires, maux de tête, faiblesse et léthargie, anorexie, nausées et vomissements, diminuent Du poids, de la diarrhée et parfois des éruptions cutanées ou des manifestations nerveuses apparaissent. Ces symptômes ne sont pas spécifiques et sont complètement similaires aux symptômes de nombreuses autres maladies. Comme elle se résorbe spontanément en une à deux semaines, il est moins probable que la maladie soit diagnostiquée pendant cette période. En outre, il faut environ 2 à 12 semaines et parfois jusqu'à 16 mois entre le moment où le virus du sida entre et le résultat du test est positif. Pendant ce temps, la personne est infectée et peut infecter d'autres personnes, et malheureusement elle ne peut pas être détectée par les méthodes de laboratoire actuelles.

Étape 2 - Non marqué: Après la guérison spontanée de la phase aiguë, le patient entre dans la phase asymptomatique, qui dure de 10 à 17 ans, selon le type de virus infectieux. Pendant ce temps, la personne infectée ne présente aucun symptôme de la maladie et est apparemment en parfaite santé, mais elle est contagieuse pour les autres. Cette étape est plus courte chez les enfants. Pendant cette période, le test sanguin est positif. Il est difficile de contrôler la propagation du virus à ce stade. Stade 3 - Augmentation diffuse et stable des ganglions lymphatiques: À ce stade, les ganglions lymphatiques grossissent et apparaissent de manière symétrique et indolore dans plus de deux parties du corps, à l'exception de la région de l'aine, et restent pendant au moins 3 mois. Stade 4 - Le stade pré-SIDA et les conditions liées au SIDA: Avant l'apparition des derniers symptômes du SIDA chez le patient, apparaissent des complications appelées symptômes liés au SIDA et sont: 1. Perte de poids de plus de 10% du poids précédent 2.

Diarrhée depuis plus d'un mois 3. Fièvre depuis plus d'un mois 4. Sueurs nocturnes 5. Fatigue, léthargie et faiblesse Ces symptômes sont considérés comme le prélude à l'établissement complet du SIDA, qui est la fin du spectre de la maladie. Dans certains cas, il y a de l'agitation, de l'anorexie, des douleurs abdominales, des maux de tête et des changements neurologiques entraînant une perte de mémoire et des lésions nerveuses périphériques. Ces symptômes sont généralement intermittents, mais la perte de poids est présente chez la plupart des patients et est progressive. De nombreux patients à ce stade développent des lésions cutanées, muqueuses et permanentes ou récurrentes de la bouche ou des organes génitaux dues à divers virus. Étape 5 - SIDA: Le SIDA est la dernière étape de l'infection par le SIDA. À ce stade, en raison d'une grave diminution des défenses de l'organisme, une personne devient sensible à de nombreuses infections et cancers qui présentent une grande variété de symptômes et finissent par tuer le patient. Environ 25 pour cent des personnes développent le sida après 5 ans, 25 pour cent après 10 ans et environ 25 pour cent après 15 ans après l'entrée du virus dans le corps. En d'autres termes, environ 75% des personnes infectées atteignent le stade du SIDA après 15 ans. Il y a débat sur le sort des 25% restants et sur le moment où ils entreront dans la phase du SIDA. Mais ce qui est certain, c'est que la personne infectée, même si elle entre plus tard dans le stade de la maladie, reste toujours l'autre infecteur. Le SIDA affecte tous les organes et organes du corps tels que les membranes respiratoires, digestives, musculaires, nerveuses, cutanées et muqueuses, les oreilles, la gorge, le nez, etc.

Après avoir atteint le stade final du SIDA, l'espérance de vie moyenne chez les adultes est d'environ 2,5 ans, et le patient finit par mourir d'une des infections opportunistes ou cancers.

Traitement

Le SIDA affecte tous les organes du corps. Avec un diagnostic opportun et approprié et l'application ultérieure de traitements d'entretien et de soins appropriés, les problèmes du patient peuvent être considérablement réduits et de meilleures conditions de vie ne peuvent pas être fournies. Malheureusement, il n’existe pas de remède définitif au sida. Pour les infections opportunistes et les cancers, les traitements nécessaires peuvent être utilisés et le système immunitaire du corps peut être renforcé avec des médicaments spéciaux. Aucun vaccin efficace n'a été trouvé pour prévenir la maladie. Moyens de prévention Puisqu'il n'y a pas de vaccin ou de traitement efficace contre la maladie et que l'infection par le virus du sida conduit finalement au sida, qui est mortel, la seule façon de le combattre est d'utiliser des méthodes de prévention de l'infection, qui comprennent: Pour empêcher la propagation de la maladie par contact sexuel: Auto Abstinence de rapports sexuels suspects pendant le célibat, adhésion aux principes moraux et familiaux après le mariage, fidélité au conjoint et nonesclavage et évitement de la perversion sexuelle et des rapports sexuels non protégés, utilisation de préservatifs, évitement des relations sexuelles anales. En contrôlant le sang et les produits sanguins, la possibilité d'infection est considérablement réduite. Évitez de réutiliser des seringues jetables et n'utilisez pas de seringues partagées entre toxicomanes. N'utilisez pas de brosse à dents partagée ou évitez d'utiliser les rasoirs jetables d'autres personnes. Actuellement, le seul moyen de prévenir la transmission mère-enfant est d'empêcher une femme infectée de devenir enceinte et d'utiliser la contraception.

Vingt questions sur le sida

1. D'où vient le virus VIH? Nous ne savons pas vraiment, bien sûr, que diverses théories ont été proposées à cet égard, dont aucune n'a été prouvée jusqu'à présent. Nous savons seulement que ce virus a été observé pour la première fois dans un échantillon de sang prélevé sur quelqu'un en 1959. L'analyse génétique de cet échantillon sanguin a suggéré que le virus VIH provenait probablement d'un seul virus à la fin des années 1940. 2. Comment savons-nous que nous sommes infectés par le virus VIH et quels en sont les symptômes? La

seule façon de diagnostiquer l'infection par le VIH est de la tester, et il ne suffit pas de regarder les symptômes possibles, et il est bon de savoir que de nombreuses personnes infectées par le virus peuvent ne pas avoir beaucoup de symptômes pendant longtemps. Cependant, les symptômes suivants peuvent être considérés comme des signes avant-coureurs du SIDA: A. Perte de poids rapide. B - toux sèche. C - fièvre récurrente ou sueurs nocturnes excessives. D. Faiblesse grave injustifiable. E - Agrandissement des ganglions lymphatiques sous les aisselles, l'aine ou le cou.

C - Diarrhée qui a duré plus d'une semaine. G - taches blanches ou taches anormales sur la langue, la bouche ou la gorge. H. Pneumonie ou pneumonie. I - Taches rouges, roses ou violettes sur la peau ou sous la peau ou à l'intérieur de la bouche, du nez ou des paupières. D. Perte de mémoire, dépression et autres troubles neurologiques. Remarque: Chacun des symptômes ci-dessus peut être lié à des maladies autres que le sida. Evidemment, le diagnostic du SIDA repose sur l'existence d'indicateurs spéciaux qui relèvent de la seule responsabilité du médecin traitant. 3. Comment savons-nous si ceux qui nous entourent sont infectés par le virus du VIH? Vous ne pouvez jamais savoir avec certitude simplement en regardant autour de vous. Toute personne apparemment en bonne santé que vous rencontrez au travail, à l'école, au stade de sport, dans la rue, etc., peut être porteuse du virus sans même le savoir, et même si elle semble vraiment saine, elle peut être transmise à une autre personne. . 4. Après un contact sexuel suspect ou l'utilisation d'une aiguille partagée, quand devrions-nous faire un test de dépistage du VIH? Les tests couramment utilisés pour diagnostiquer cette infection sont basés sur la recherche d'anticorps produits par l'organisme contre le virus VIH. Le niveau de ces anticorps peut être détecté chez la plupart des personnes dans les 3 mois suivant l'infection (en moyenne, environ 25 jours après le contact). Mais dans certains cas, ce délai peut atteindre 6 mois. Par conséquent, il est actuellement recommandé de visiter pour des tests à des intervalles de 3, 6 et enfin 12 mois après un éventuel contact (tout rapport sexuel non protégé ou utilisation d'une aiguille partagée). Un point très important à garder à l'esprit est que pendant cette période, vous ne devez pas vous exposer ou exposer d'autres personnes au virus du VIH. 5 - Que faire si une personne est testée séropositive? Un test positif ne signifie pas le SIDA. Par conséquent, dès que possible, prenez les mesures suivantes pour protéger votre santé. Il est à noter que dès que ces mesures sont prises, elles peuvent retarder l'apparition du sida. Voici quelques-unes des mesures les plus importantes que vous pouvez prendre immédiatement: A. Même si vous ne vous sentez pas malade et ne présentez aucun signe clinique du sida, consultez un médecin, en particulier quelqu'un qui a de l'expérience dans le traitement et la gestion du sida. B. Faites-vous tester pour la tuberculose ou la tuberculose. Vous pouvez avoir une infection tuberculeuse sans le savoir. Une infection tuberculeuse non diagnostiquée chez une personne séropositive peut provoquer une tuberculose grave, tandis que si elle est diagnostiquée rapidement, elle peut être traitée ou maîtrisée avec succès. C- Le tabagisme, des quantités excessives d'alcool ou des drogues illégales (comme la cocaïne) peuvent affaiblir votre système immunitaire. Par conséquent, arrêtez ou réduisez l'utilisation de ces substances. 6. Qu'entend-on par infections opportunistes dans le sida? Le SIDA réduit la force du système immunitaire du corps au point que certains germes, qui sont généralement incapables de provoquer des infections et des maladies chez les personnes en bonne santé (en raison de l'insuffisance du système immunitaire), envahissent le corps des personnes vivant avec le SIDA. Par conséquent, ils sont appelés infections opportunistes.

7. Dans quelle mesure les préservatifs en latex sont-ils efficaces pour prévenir la transmission

du VIH? Selon des recherches sur des personnes en bonne santé qui ont eu des relations sexuelles avec des personnes porteuses du virus, 98% de celles qui utilisent des préservatifs en latex régulièrement et correctement ne sont pas infectées. Par conséquent, les préservatifs en latex, s'ils sont utilisés régulièrement, peuvent réduire considérablement le risque de transmission du VIH. 8. Les baisers à bouche ouverte transmettent-ils le virus du VIH? Les baisers humides ou les baisers avec la bouche ouverte sont moins dangereux car la salive ne contient pas le virus VIH. Cependant, en cas d'utilisation prolongée, elle peut gratter la bouche ou les lèvres et transmettre le virus. De plus, certaines personnes ont parfois de légers saignements des gencives ou de petites plaies dans la bouche qui peuvent transmettre le virus VIH. 9. Existe-t-il un lien entre la transmission du VIH et d'autres maladies sexuellement transmissibles? Oui . Les personnes atteintes d'une maladie sexuellement transmissible, en particulier celles qui provoquent des plaies ouvertes sur la peau (comme la syphilis, l'herpès et le chancre mou), sont plus susceptibles d'être infectées par le VIH que les personnes en bonne santé en raison de plaies ouvertes et de plaies ouvertes sur les organes génitaux. Même ceux qui ont une maladie sexuellement transmissible qui ne provoque pas de plaies ouvertes ou de fentes dans les organes génitaux (comme la chlamydia ou la gonorrhée) sont plus susceptibles de contracter le virus parce que les personnes en bonne santé sont plus susceptibles de contracter le virus parce que Les maladies sexuellement transmissibles peuvent déclencher une réponse immunitaire locale dans la région génitale, ce qui facilite la transmission du virus VIH. En outre, il convient de noter que si une personne est infectée par une autre maladie sexuellement transmissible, elle peut transmettre le virus à d'autres 5 fois plus souvent que celles qui ont le virus VIH seul.

10. Le virus VIH est-il transmis par des appels accidentels? non . Le virus n'est pas transmis au cours des activités quotidiennes sur le lieu de travail, y compris: a) Les interactions sociales quotidiennes, y compris se serrer la main, se frotter (sur les joues) ou embrasser des mains et étreindre des amis. B - Sports et travail. C- Dormir dans une pièce ou respirer l'air commun (environnement de travail, voiture, etc.). D-

Contenants de nourriture ou de boisson partagés, poignées de porte, utilisation de l'eau partagée pour le lavage, baignade dans la piscine partagée. E - salivation, éternuements et toux. C. La sueur et les larmes du corps. G - piqûres de moustiques ou autres insectes. 11. Le virus VIH est-il transmis par les animaux domestiques? non . 12. Le virus VIH est-il transmis pendant le tatouage et des procédures similaires? Oui . Par conséquent, pour éviter ce danger, il est recommandé que tous les appareils qui pénètrent dans la peau soient éliminés en toute sécurité après utilisation ou qu'ils soient complètement désinfectés et stérilisés. 13. Les professionnels de la santé et de la santé risquent-ils de contracter le VIH? Le risque d'infection chez ces personnes est très faible, surtout si elles prennent les précautions nécessaires. Le seul risque chez ces personnes est la transmission du virus par des dommages accidentels causés par des aiguilles et autres équipements et équipements pointus infectés par le virus, qui est même très faible car les scientifiques estiment que la probabilité d'infection par blessure accidentelle à l'aiguille est inférieure à 1%. 14. Les personnes qui visitent les cabinets de médecins et de dentistes risquent-elles d'être infectées par le virus VIH? Il existe un tel danger, mais la probabilité de son apparition est très rare. Selon un rapport de 1990 des Centers for Disease Control and Prevention (CDC), un dentiste infecté par le virus du VIH a transmis le virus à six personnes.

15. Y a-t-il une possibilité de transmission du VIH pendant les compétitions sportives? Il n'y a aucune preuve de cela, mais il y a très peu de risques associés aux sports dans lesquels le corps de deux athlètes entre en contact lorsque la personne infectée a des blessures et des

saignements sur son corps. 16. Le virus VIH est-il transmis par les piqûres de moustiques? non . Depuis le début de l'épidémie de sida, il n'y a aucune preuve que le VIH puisse être transmis de cette manière. Les résultats d'expériences et d'observations sur les habitudes et les méthodes de piqûres d'insectes ont montré que lorsqu'un moustique pique une personne, il ne pénètre pas dans le sang sucé de la personne précédente à une autre personne, mais entre dans sa salive comme lubrifiant dans la zone de piqûre. Des maladies telles que la fièvre jaune et le paludisme sont transmises par la salive de divers moustiques, mais comme mentionné, ce n'est pas le cas avec le virus VIH. De plus, le virus VIH ne peut survivre dans le corps du moustique que pendant une courte période et, contrairement au paludisme, ne se développe pas et ne se multiplie pas dans le corps du moustique. Il n'y a aucune raison aujourd'hui de craindre même la possibilité de transmettre à une autre personne de grandes quantités de sang infecté par le VIH qui reste dans certaines parties de la bouche d'un moustique. Il existe de nombreuses raisons pour justifier cela, notamment: A. Seule une petite quantité de sang aspiré reste à la surface de la bouche de l'insecte. B. Les personnes infectées par le VIH n'ont pas de taux de VIH constamment élevés dans leur circulation sanguine C. D'après les observations, l'insecte ne pique généralement pas une autre personne immédiatement après avoir été mordu, mais préfère se reposer. Digère lentement le sang épuisé. 17. Comment les personnes sous médicaments injectables réduisent-elles leur risque de contracter le VIH? Il est recommandé d'arrêter cette pratique le plus tôt possible, mais il est conseillé à ceux qui ne peuvent ou ne veulent pas traiter leur addiction à ces médicaments de: a- Utiliser des seringues, de l'eau et du matériel de préparation de médicaments à usage unique. Être. B) N'utilisez jamais de seringues, d'eau et de matériel de préparation de médicaments conjointement avec une autre personne. C. N'utilisez que des seringues fournies par une source fiable (comme une pharmacie). D - Utilisez de l'eau stérile pour préparer le médicament avant l'injection. C. Le site d'injection doit être préalablement nettoyé avec un tampon imbibé d'alcool. G- Jeter la seringue en toute sécurité après avoir terminé le travail. H. Si des seringues stériles et d'autres équipements jetables ne sont pas disponibles, ils doivent être bouillis et désinfectés avant utilisation. 18 - Si vous avez déjà eu un comportement à risque en termes d'infection par le VIH, mais que pour une raison quelconque vous ne souhaitez pas voir un médecin ou vous faire dépister, veuillez: Assurez-vous de consulter votre médecin et de faire les tests nécessaires pour vous en assurer. Sinon, agissez comme si vous étiez infecté par le virus VIH, c'est-à-dire ne donnez pas votre sang, ne donnez pas votre seringue à une autre personne et n'ayez pas de rapports sexuels, ou au moins utilisez des préservatifs ou des méthodes de contact sexuel totalement protégées. Conseil important: éviter les relations sexuelles suspectes est le meilleur moyen d'éviter de contracter le VIH (et d'autres maladies sexuellement transmissibles), mais les personnes sexuellement actives devraient au moins suivre ces conseils: a) Contact sexuel par d'autres moyens Contact vaginal, anal ou vaginal. B. Rapports sexuels uniquement avec un partenaire sexuel sain. C- Utiliser des préservatifs en latex à chaque fois. 19.

Qu'entend-on par contact sexuel sain? Cela signifie prendre des mesures pour vous protéger contre les infections sexuellement transmissibles, comme le virus du VIH, à savoir: A - N'ayez pas du tout de relations sexuelles. B. Si vous n'avez des relations sexuelles qu'avec une seule personne, alors qu'aucun de vous n'est infecté par le virus du VIH et n'a pas d'autre partenaire sexuel. C - Si vous utilisez correctement un équipement de protection tel que des préservatifs.

20. Est-il possible de transmettre par des fluides corporels tels que la salive? Bien que de petites

quantités de VIH aient été trouvées dans d'autres fluides corporels tels que la salive, les matières fécales, l'urine et les larmes, il n'y a toujours aucune certitude que le VIH puisse être transmis par ces fluides et aucun cas n'a été observé. Est. Les médecins croient toujours qu'il n'est pas possible de contracter le VIH et le SIDA en touchant, en partageant des objets tels que des tasses et des stylos, ou en toussant et en éternuant. Le VIH n'est pas un virus qui se transmet par les lieux publics tels que les écoles, les restaurants, etc. Comme le virus du sida ne peut pas survivre dans la cour pendant de longues périodes, un contact normal au travail, dans la communauté et à l'école ne transmet pas la maladie. Le virus du sida est très sensible à la chaleur.

Sources

1. Reshow R, Rosenthal R. Début de la recherche sur le comportement, quatrième éd. Prentice Hall, New York, 2002: 107-9.

2.Boyer CB, Shafer MA, Tuchman JM. Évaluation des interventions de renforcement des connaissances et des compétences cognitivo-comportementales pour prévenir les MST et l'infection par le VIH chez les élèves du secondaire à l'adolescence, 1997; 32 (125): 25-43.

3. Harvey B, Stuart Y. Évaluation d'un programme de théâtre dans l'éducation pour accroître la sensibilisation au sida en Afrique du Sud.

Printed by Books on Demand GmbH, Norderstedt / Germany